Empreendedorismo Descomplicado

Vença os mitos e Construa Negócios Inovadores com Confiança

Edson Zogbi

Índice

Chutar o balde (a coragem de deixar os padrões de estudo e emprego) 6

Encher o próprio balde (como acumular "bens" para empreender) 12

Chutar o pau da barraca (coragem para deixar os padrões de trabalho) 18

Armar a própria barraca (criar o próprio negócio) 22

O bicho papão e o boi da cara preta (financiadores e abusadores da boa vontade) 26

Dois sacis-pererês têm duas pernas (sociedades que dão certo)....31

Síndrome de Curupira (porquê tendemos a desistir) 35

Um mercado de mulas-sem-cabeça (planejamento é fundamental, mas sem perfeccionismos) 39

Ciranda, cirandinha, vamos todos cirandar (criar redes de trabalho) 42

Misturança enche a pança, mas te tira da dança (não dê uma de pato, que faz tudo, mas nada bem feito) 45

Epílogo (Liberdade, liberdade, abre as asas sobre nós!)..................50

O mercado global hoje está cheio de turbulências assustadoras, há muito discurso batido sobre crise e oportunidade, sobre desemprego e sobre outras ameaças que tiram o sono de quem está na ativa (os já profissionais) e de quem está prestes a entrar nela (os estudantes).

Há mais de trinta anos trabalhando com inovação e criatividade já vi vários filmes e, como a quantidade pode ajudar a encontrar a qualidade, fui percebendo o que há na atitude empreendedora de sucesso, ora eu mesmo errando ou acertando, ora observando outras pessoas que também erraram ou acertaram, sem julgamentos, que são tão comuns, porque é mais fácil apontar o dedo do que se aprofundar na análise e entender o que se passa (ou passou) e daí sim, tirar algum proveito.

Saber algumas coisas sobre o empreendedorismo, é o que vamos fazer aqui, da forma mais rápida e simples possível, para ter alguma utilidade após ler até a última página.

Chutar o balde (a coragem de deixar os padrões de estudo e emprego)

Não é fácil receber orientações desde pequenino e questioná-las, é claro que se a genética nos deu um perfil mais dependente, ou preguiçoso, nos adequamos melhor à estrada que nos colocam à frente, nos acomodamos, ou adequamos e vamos em frente. Daí fazemos o caminho natural das pedras, estudamos em escolas e universidades até que chega o ponto de ter formação suficiente para ir em busca de trabalho e do próprio sustento. Esta é a realidade da maioria dos jovens no mundo todo.

Existem tristes exceções de crianças e jovens que não têm oportunidades de estudar e então não têm outra forma de se viabilizar na vida a não ser tentar fazer algo por iniciativa própria, ou seja, empreender. E o mundo está cheio de casos de gente que passou por isso e ficou milionário depois de muito esforço e sofrimento. Tem N biografias para ler sobre estas pessoas, mas é importantíssimo saber que são inúteis, totalmente, nem como inspiração servem, primeiro porquê são casos raríssimos, tipo um em dezenas de milhões, segundo porque por sua própria especificidade histórica, não são copiáveis, não servem como modelo para quem quer se aventurar na vida empreendedora.

Bem, voltando ao modo tradicional, aquele onde os jovens saem do futuro do planeta no último dia da universidade, para a fila do desemprego no dia seguinte, ou aquele onde os jovens são iludidos com estágios não remunerados (mas trabalham para caramba neles!), ou com cargos de trainees, que no fundo são exatamente a mesma coisa, com a diferença de que recebem uma mixaria para atuar, percebemos que o que se manteve como padrão e criou a tal tradição já não se aplica à maioria das pessoas.

Por isso saber o que é empreender, sem lições de moral ou discursos piegas de suor e sangue, é fundamental, tendo ou não genética favorável ao tema.

A referência à expressão " chutar o balde" não significa abandonar os estudos, ou despedir-se imediatamente de um trabalho numa empresa, significa tirar os padrões do foco principal, colocá-los em modo de piloto automático, sem deixar bater o seu avião e aproveitar para buscar outros saberes, outras atividades, aquilo que te seduz, aquilo que te desperta curiosidade, aquilo que por acaso apareceu e é interessante, resumindo, dar chance à tua vocação se manifestar livre de condutas pré-estabelecidas. É claro que você pode estar estudando e trabalhando dentro da tua vocação, então você não é o leitor pensado para este livro, sugiro que o repasse para outra pessoa, mais no perfil, ela vai agradecer tua atitude e você não vai perder tempo ou avaliar mal este conteúdo por falta de adequação.

Continuamos? Então chute o balde já, busque estes universos paralelos, teste, experimente, não seja perfeccionista, talvez demore um tempo até achar algo que te convença, mas ao achar não vai querer mais nada na tua frente.

Neste momento é bom tomar um banho de água fria e pensar em manter seus estudos tradicionais, ou seu emprego atual, até que a coisa ganhe corpo, ou mesmo porque pode valer a pena fritar o peixe e vigiar o gato o mesmo tempo, por uma questão de sobrevivência apenas.

De qualquer maneira isto é uma questão de coragem, que tem que prevalecer sobre a zona de conforto, que tanto nos cativa, não é?

Um bom começo é mapear o que se passa num papel, ou na tela do computador, com duas metades, uma delas com a situação atual e suas perspectivas, a outra com o que buscar e quais as possibilidades abrir para encher o próprio balde.

Encher o próprio balde (como acumular "bens" para empreender)

Então? Agora precisa pensar em como ter recursos para empreender sua própria atividade, não é? Não basta ter só grana não, ela é imprescindível, mas não só.

Conhecimento

Para empreender com sucesso é preciso ir a fundo no tema que te agrada, eu sempre dizia ao meu filho: *Você pode ser lixeiro, mas deve tentar ser o melhor lixeiro do planeta!* Grande parte do resultado do que você quer fazer depende disso, se é para ser um comerciante tem que saber vender, falar, convencer, comprar, apresentar e divulgar. Se é para ser um escultor tem que saber arte, história da arte, técnicas, tendências e conexões com o mercado. Procure relacionar todos os saberes que precisa e deixe a lista aberta, porque quanto mais souber, mais saberá que não sabe tudo, isso tem um nome, especialização. Empreendedores não especialistas não são empreendedores, são especuladores, não caia nessa armadilha, normalmente tem a ver com coisas passageiras e é muito desgastante investir numa empreitada e ela durar pouco. Pergunte a alguém que já entrou numa fria dessas (após uns copos, para a pessoa relaxar o ego) e saberá.

Relacionamento

Você pode ser o único dono da empresa (falaremos disso adiante), mas se não cultivar conexões, não conseguirá fazer a coisa andar, não dá para ficar isolado numa caverna e ter sucesso mercadológico, há exceções? Sim, mas são raras, pura loteria, e se for para jogar na loteria há opções mais baratas e rápidas.

Relacionar-se significa cultivar e desenvolver interações de confiança, e isso leva tempo, portanto comece assim que puder, demonstre intenções financeiras diretas (ao contrário do que o consenso diz), elas te posicionam no mercado, não demonstre ganância, coloque-se como aprendiz, assim não gera distorções, mostra que você quer ganhar d nheiro e que respeita o conhecimento alheio. Ponto.

Sorte

Item polêmico, mas mais realista impossível. Todos estudos modernos de neurociência mostram que a sorte é fundamental para que as coisas avancem. Mas como cultivá-la? Impossível!

Não há mandinga, macumba, simpatia, ou seja, lá o que for, que te dê mais sorte, mas existe o efeito contrário, se você percebe empecilhos inexplicáveis no decorrer do processo, abandone-os, mude a direção do caminho, troque tudo, porque são indicativos naturais de que está no caminho errado. A obstinação vocacional mata muitos empreendimentos, fique atento a isso, novamente o banho de água fria. Se tem fatos que não te ajudam, ou tem condições imediatas (táticas) de os ultrapassar, ou tem tanta coisa por trás disso que não vale a pena insistir, esqueça a palavra da moda, *resiliência*, isso é para quem decidiu ser empregado e não empreendedor.

Portanto acelere onde a coisa flui, ignore onde empaca, simples assim.

Atenção!

Como já mencionei anteriormente, tem várias literaturas que valorizam coisas que não valem a pena quando o assunto é empreendedorismo:

Resiliência – esqueça, excesso de absorção de pancada só vai te frustrar.

Adequação inadequada – se não gosta, não gosta, ponto. Sai fora disso.

Simpatia para além da empatia – Se o santo não bate, sai fora nº 2!

Promessas – São Tomé é a regra, quem tem boas intenções é transparente e claro, se não for, perigo à vista!

Excesso de charme – muitas coisas são extremamente sedutoras, mas cuidado, muitas não passam da embalagem, comigo não, violão!

Coitadinhos – pior ainda, empreender não tem nada a ver com a Madre Teresa de Calcutá, deixe-os para quem tem tempo a perder com eles, você não!

Sanguessugas – se você começar a dar certo irão aparecer várias pessoas propondo negócios, não ignore, mas avalie profundamente, algo pode ser bom, mas a maioria cai na vala comum da carniça à mostra dos abutres.

Chutar o pau da barraca (coragem para deixar os padrões de trabalho)

A diferença entre o balde e a barraca é que o balde você chuta e no máximo molha seu pé, já a barraca despenca na tua própria cabeça!

Então, se você se enquadra no caso de quem já está no mercado trabalhando (se não está, mesmo assim vale a pena ler, porque propostas sedutoras existem aos montes), a decisão de chutar o pau da barraca é mais difícil do que pensava, porque provavelmente já paga algumas ou todas as contas da sua vida e elas não param de chegar! Daí o buraco ser mais embaixo. Como fazer?

Capitalizar-se

Dê uma de morto e fique mais um tempo juntando uma grana para depois se despedir, se conseguir que te despeçam ou um acordo, melhor ainda. Mas é necessário que tenha no mínimo o capital para tua empreita + o capital para dois anos de custos pessoais.

A maioria das pessoas não faz essas contas e quebra a cara, porque são muito otimistas e o mercado é muito competitivo. Tudo o que você ler sobre resultados espetaculares rápidos é mentira, acredite!

Você acha que o Facebook, a Microsoft e a Apple surgiram numa garagem e viraram o que viraram sem injeção de capital? Se acha, é melhor fazer logo sua carta ao Papai Noel porque é tudo a mesma coisa.

Boas ideias precisam de investimento, se você não tem logo um investidor, terá que atrai-lo na linha do tempo, então não viaje na maionese e acumule capital para ter pelo menos dois anos para tentar.

Repare que os livros de carreiras de sucesso vendem sonhos, devem ter (se tiverem) uma linha referente a isso, o resto é biografia sobre algum milionário que pagou pela sua realização. Se os autores colocarem o foco no ponto crucial, que é o do aporte de investimento, matam a figura do idealizador (é interessante notar que no livro do Bill Gates, *O Futuro*, está relatado que o sucesso do Windows só se concretizou após um parceiro japonês dedicar 25 horas do dia nas vendas do software para empresas do oriente, caso contrário, não teria chegado a lugar nenhum, uma rara exceção em biografias).

Anotou aí no teu *mindmap*? 24 meses de capital + 24 meses de custos pessoais garantidos, o resto é só para agradar aos bancos, que adoram os fracassos dos seus clientes (afinal os juros de empréstimos são estratosféricos!).

Se já tem os recursos para chutar o pau da barraca, vai, manda bala que o tempo urge, afinal tuas ideias podem ficar obsoletas, chame o chefe e diga que tem mais o que fazer.

Armar a própria barraca (criar o próprio negócio)

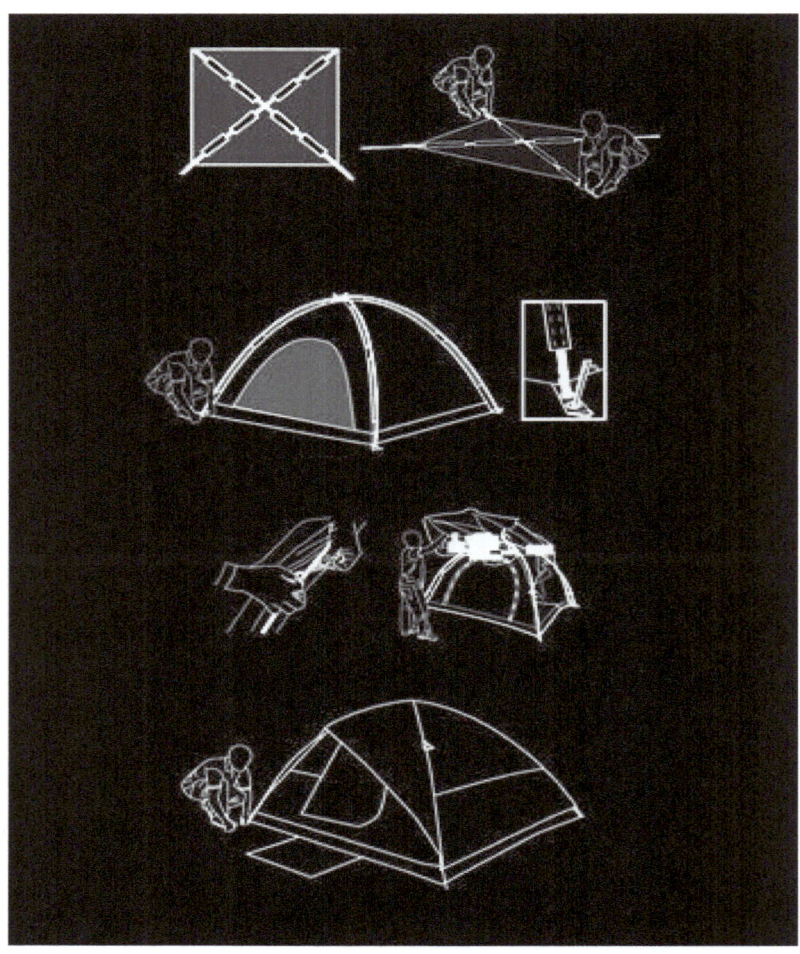

Buenas, agora é que a porca torce o próprio rabo. Não tem jeito, algumas coisas são burocráticas e básicas, não tem como contornar, então abra tua empresa da forma certa, primeiro encontre um contador que te oriente, ou vá até algum órgão público que tenha este serviço, tipo SEBRAE, daí saberá tudo o que tem que fazer.

Tome cuidado se encontrar um contador espertalhão, que logo te dá soluções milagrosas para pagar menos impostos, enrolar aqui e ali, etc., fuja dele, o barato vai sair caro lá na frente, bons negócios podem ser árduos, mas resultam bem sem necessidade de truques que podem virar armadilhas contra você mesmo no futuro. Não se trata de aceitar os abusos de impostos e a obsolescência da área pública, mas sim de não criar mais problemas além dos que vão aparecer no dia-a-dia de um empreendedor. Não vale mesmo a pena.

Afinal de contas, o empreendedorismo tem a independência como prioridade, se ficar atado a um contador trambiqueiro, lá se foi a liberdade.

Bem, como já foi falado lá atrás do capital que tem que ter, da tua especialização, etc., agora falta uma coisa importantíssima para alavancar teu negócio:

Equipamentos? Máquinas? Escritório? Fábrica? Loja?

Não, clientes. Se não tem expectativa de clientes, não fez testes, não andou por aí para firmar compromissos de vendas, esqueça, a coisa vai pipocar. Sabe porquê? Porque com clientes a coisa já nasce com saúde, vitalidade, se vai começar a empreita para depois pensar em quem serão os clientes, está frito, isso demora e o capital dos dois anos voa.

Por isso deve pesquisar, sair por aí, divulgar, firmar parcerias, levantar interesses no que você tem para oferecer.

É claro que se estamos falando de uma loja fica mais difícil de pensar em clientes antes de abri-la, mas mesmo assim é bom fazer testes de mercado, tipo um conceito de "não-loja", que é uma forma de testar a venda dos seus produtos em feiras, eventos, etc. (falo melhor deste tema no meu livro sobre o marketing do comércio, que está na Google Play também (link na última página).

Mais adiante falarei sobre planejamento, uma peça fundamental neste quebra-cabeças que você está pensando em montar e que completará teus planos de armar a própria barraca.

O bicho papão e o boi da cara preta

(financiadores e abusadores da boa vontade)

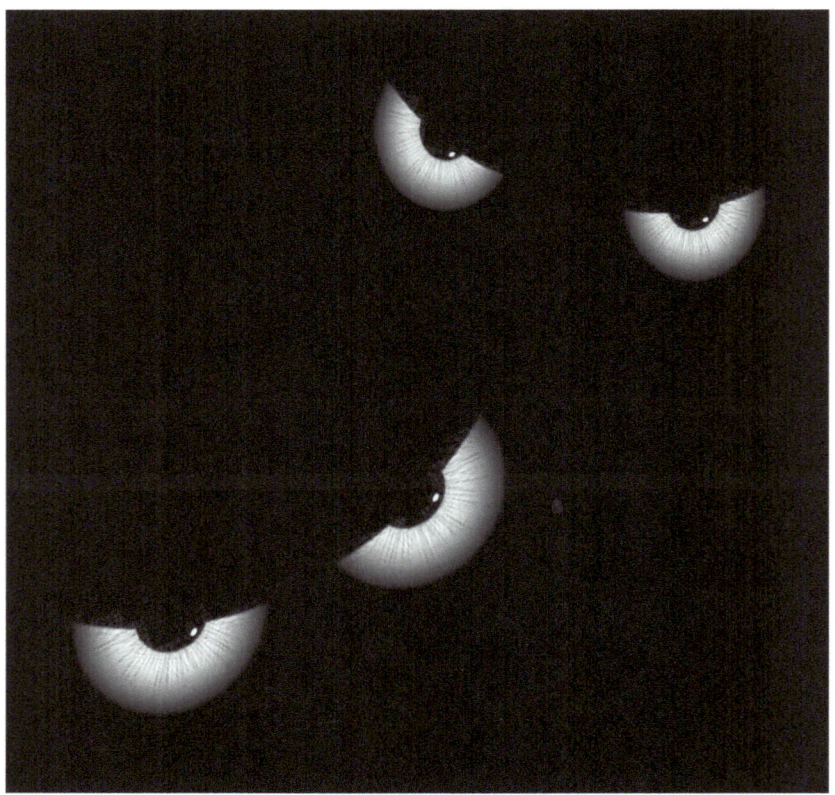

Se o teu empreendimento tem a ver com emprestar dinheiro a juros, com agiotagem direta, empresa de crédito, "anjo" ou até um banco, pode pular esta parte, porque você é o próprio bicho papão.

Mas caso não seja esta a tua intenção, a adesão a qualquer tipo de iniciativa de capitalização deve ser muito bem avaliada, vejamos os seguintes cenários:

- Você tem uma excelente ideia, mas não tem o capital para os tais 24 meses de *startup* do teu negócio, daí vai atrás do dinheiro porque não quer mais esperar, se pegar o valor exato, o dono do negócio passa a ser quem emprestou o dinheiro, o resto é blá, blá, blá. Depois que conseguir pagá-lo na totalidade é que o teu negócio começa de verdade, não é matemática, é a situação real que se passa. Então, se é para pegar dinheiro acima dos 100% necessários, que seja mais de 1000%, porque senão outro esperto vai te copiar, colocar mais que isso e te engolir rapidamente. Ah, você aqui pode relatar N casos atuais onde o negócio explodiu e um grandalhão do mercado veio e comprou. Não se iluda, esse pequeno negócio que foi adquirido não teve nada de pequeno ao nascer, sem contar no fator sorte quanto à aceitação no mercado. Uma conjunção nada fácil de acontecer, dado que somos mais de 7 bilhões de pessoas e dá para contar nos dedos o quanto disso vemos ao ano. Portanto, que venha o money, mas tem que ser muito, para acelerar ao máximo, ligar mesmo o turbo.

- Você tem uma excelente ideia, mais só uma parte da grana, daí entra alguém com o resto, isso não é investimento, atenção, NÃO É INVESTIMENTO, é SOCIEDADE! Então trate quem entrou como sócio, exija trabalho no negócio, mão na massa, caso contrário vai se arrepender e ficar com a eterna sensação de que faz tudo sozinho. Combine antes o que cada um fará, distribua tarefas, daí sim pode avançar (sobre sociedade ideal falarei adiante).

- Você tem o capital para os 24 meses e mesmo assim vai se capitalizar com recursos de fora. Bem, faça um benchmarking das margens de lucro do segmento de mercado que vai atuar antes, depois defina a rentabilização para o investidor num valor que caiba dentro da tua margem de lucro, de preferência que ainda sobre pelo menos o mesmo valor percentual para você reinvestir no negócio. Digamos que é para quem maneja bem finanças, caso contrário, ploft!

E quem é o boi da cara preta?

Esta é aquela pessoa que você conhece que acompanha todo teu esforço, não bota a menor fé que vai dar certo, mas quando começa a perceber que a coisa rolou, aparece na maior cara de pau e diz que quer ser teu sócio, é o típico oportunista de plantão, que fica escondidinho e aparece de repente, com uma proposta dessas. É claro que faz bem para o nosso ego, afinal tanto esforço começa a ser reconhecido, mas é o típico reconhecimento inútil, porque quem tem que te reconhecer são os teus clientes, eles estão no centro do teu alvo, no teu foco, então o boi da cara preta tem que fazer uma excelente proposta de valor, tanto em dinheiro, como em trabalho agregado para ser aceito, caso contrário agradeça a gentileza e saia à francesa.

Dois sacis-pererês têm duas pernas (sociedades que dão certo)

Quando falamos de características natas do ser humano estamos entrando na área da neurociência, matéria que tenho acompanhado muito de perto, devido à sua rápida evolução. A maioria das descobertas quanto ao comportamento tem apenas confirmações do que já sabíamos por instinto, intuição, ou disseminação pelo culto popular. Na década de 90 participei de grupos de estudos que se chamavam *Human Dynamics*, eles ocorreram no mundo todo durante 20 anos e formaram uma base muito consistente e empírica sobre o comportamento das pessoas, que agora vai se confirmando através da neurociência.

Uma das coisas que aprendemos conhecendo estes temas é que a dinâmica de uma pessoa organizada raramente (eu diria muitíssimo raramente), condiz com a de uma pessoa desbravadora de mercados, alavancadora de negócios, vendedora no sentido amplo da palavra, ou seja, que consegue ampliar as fronteiras do seu empreendimento para aumentar seu sucesso.

O mesmo posso falar do contrário, a maioria dos desorganizados deixa escapar pelas frestas da sua bagunça, a lucratividade que gera, é como se conseguisse fazer entrar muita água num tubo (liquidez), mas não conseguisse controlar sua vazão, daí todo esforço se torna inútil. Essa pessoa precisa de da ajuda de outra pessoa, organizada, controladora, ponderada quanto aos gastos, que deixa tudo *nos trinks*, um brinco!

Pois é, estamos falando de sociedades que dão certo, ambos trabalham muito, cada um do seu jeito, são completamente diferentes no comportamento, mas combinam entre si, se completam. O desbravador de mercados e o organizador.

Imagine dois sócios desbravadores, arranjam muitos negócios, mas não entregam, falham, ou para consertar as falhas abrem mão do lucro, às vezes até pior, pagam para trabalhar.

Agora imagine dois organizadinhos, fica tudo perfeitamente arrumado, em ordem, mas não há clientes, que tédio, que prejuízo.

É caricato, mas se você observar o mercado está cheio de sociedades assim. Elas não duram muito.

Então teoricamente todos somos sacis, temos que nos avaliar, reconhecer nossa condição, assim podemos buscar sócios diferentes de nós, vai haver muita briga e discussão, mas provavelmente o negócio vai dar certo (aqui presumo que todos serão sempre trabalhadores e éticos, óbvio).

Síndrome de Curupira (porquê tendemos a desistir)

O curupira tem os pés virados para trás, pois é assim que às vezes nos sentimos quando estamos na batalha do empreendimento, ou é como a dança do Michael Jackson, parece que estamos indo para frente, mas na verdade estamos indo para trás. Duas situações diferentes, mas que não devem e não podem ser ignoradas.

Se estamos andando para trás porque cansamos dos obstáculos (é a coisa mais normal), mas percebemos que estamos indo para trás, menos mal, essa atitude de consciência pode ser a chave para pararmos um pouco, darmos um tempo, tomar ar, tirar uns dias, falar com um amigo, tomar um copo, sei lá. Cada um tem seu jeito de parar e recuperar suas forças, isso é muito importante e vai acontecer várias vezes, não só no momento startup, mas durante toda a vida empreendedora. Neste primeiro caso o que não pode acontecer é deixar-se levar pelo desânimo ao ponto de desistir, a menos que a situação seja incontrolável, mas isso costuma ser mais grave e logo aparece um STOP na nossa frente.

O outro caso é o do Michael Jackson, que nos dá a ilusão que estamos indo para frente, mas na realidade estamos indo para trás, esse é mais grave, porque não existe a consciência da realidade, por isso é que de qualquer forma é sempre bom ter referências externas sobre o que estamos fazendo.

Quase a totalidade dos empresários que conheci não conseguia ou não queriam enxergar seus erros, como consultor sou obrigado a falar, uns não gostam e fecham a porta, outros dão um tempo e depois voltam agradecidos, os mais espertos logo olham no espelho e mudam de ideia.

Seja da forma que for, da que escolher ou te indicarem, sempre fuja da Síndrome de Curupira.

Um mercado de mulas-sem-cabeça

(planejamento é fundamental, mas sem perfeccionismos)

Agora vamos falar de uma vantagem competitiva que não precisa de grandes investimentos, o planejamento. Pois bem, a maioria do mercado global exerce pouco esta função, a de planejar, por incrível que pareça tem muito do "deixa a vida me levar" por aí. Conclusão: taxa de mortalidade de jovens empresas elevadíssima. Ninguém ganha com isso, talvez os bancos, isso se o devedor for honesto e conseguir pagar.

Sempre falei que um mercado que reduz o número de *players* não é saudável, tende a estar também diminuindo em tamanho. Se algum negócio consegue matar a concorrência em grande escala algo está mal, é distorção, não há saúde em monopólios ou oligopólios, ou pelo menos a vida é curta, a menos que sejam exceções, tipo mercados em ditaduras ou subdesenvolvidos (há segmentos que têm oligopólios em mercados desenvolvidos, tristeza!).

Os planos devem sempre conter as estratégias (idealização dos objetivos) e as táticas a seguir (realização dos objetivos estratégicos). Tanto a estratégia, como as táticas, são elementos dinâmicos do planejamento, que devem ser revistos em tempo previstos e regulares, assim os planos são orgânicos, vivos, acompanham as mudanças externas ao negócio.

Então planejar é mais do que vital, digamos que equivale a medicina preventiva para o negócio, mas para planejar tem que ter cabeça, ou seja, tem que pensar o negócio sob vários aspectos, se você é bom nisso, vá em frente, se não é, vá atrás de quem ajude, porque isso vai te diferenciar das mulas, enquanto elas fervem a cabeça você corre na frente.

Ciranda, cirandinha, vamos todos cirandar (criar redes de trabalho)

Tá bom, chega de monstros assustadores e nada como uma brincadeira de criança para relaxar. É assim que deve ser visto o conceito mais do que natural e atual (rimou) de trabalhar em redes. Não dá para se isolar, empreender é agora uma arte de conectar, ligar, somar, interagir.

Formamos redes com nossos fornecedores, nossos clientes e outros segmentos que estão relacionados a nós na cadeia de valor onde atuamos. Até onde nem imaginamos, podemos nos ligar, é o tal do acaso, para os que gostam mais de intelectualidade, serendipidade (é um termo baseado numa lenda de príncipes que procuravam uma coisa e acabavam achando outra, mas era sempre bom).

Para trabalhar em rede é preciso pensar em rede, se você é mais velho vai ter mais dificuldade, porque isso não combina com o passado, se é mais jovem, está fácil, moleza! Se bem que nas escolas ainda usem métodos muito lineares e é por isso que os jovens têm cada vez menos interesse nelas, um atraso do segmento identificado há muito tempo, mas justificado pelo academicismo retrógrado que dita as normas nesta área, mas isto é assunto para outro livro.

Então vá cirandar por aí, se você é o organizador, mande seu sócio desbravador fazer isso, depois você engrena o resto. Porque é assim que os trabalhos irão fluir daqui para frente. Mais complexos em termos de méritos, divisão das tarefas e ganhos, isso é indiscutível, mas inevitavelmente o formato daqui para frente.

Misturança enche a pança, mas te tira da dança
(não dê uma de pato, que faz tudo, mas nada bem feito)

Nada contra os restaurantes por quilo, sempre frequento porque acho bom e barato, mas se você se servir só com o efeito da gula vai se arrepender, sempre, isso porque misturou um monte de coisas gostosas que todas juntas, só enchem a pança, perdem o sentido, não há equilíbrio, só gordices.

É por isso que eu não me canso de publicar o texto a seguir, é uma pequena fábula:

A lenda da loja do Pato

Existia no Reino da Floresta um grande e próspero comércio, que abastecia toda a fauna local com coisas dos mais variados tipos, desde gêneros alimentícios, como os ovos da Loja da Galinha, até serviços de transporte, como o Táxi do Cavalo. Todos os comerciantes estavam felizes com o desempenho dos seus negócios, que iam se formando de acordo com a demanda do mercado. Tinha até concorrência direta: a Galinha, que vendia seus ovos brancos, concorria com a Galinha 2, que vendia seus ovos rosados. E também concorrência indireta: o Cavalo dividia seus passageiros com o Camelo, apesar de proporcionar mais conforto nas suas viagens.

Um belo dia, foi inaugurada a Loja do Pato, que prometia fazer entregas rápidas por terra, água e ar, afinal, o Pato sabia andar, nadar e voar. Foi um rebuliço na região, todos quiseram aproveitar e despachar objetos e correspondências pela loja do Pato, que estava muito feliz com o sucesso inaugural do seu negócio. Acontece que o Pato andava de um modo muito desengonçado, nadava muito lentamente e, quando voava, decolava e aterrissava que era um desastre, uma legítima vídeo-cacetada! Sem contar que os próprios clientes não sabiam se mandavam suas encomendas por terra, pela água ou pelo ar. Era uma confusão na hora de escolher. A Loja do Pato durou pouco. Logo apareceu o Gato, que fazia um excelente trabalho de entregas por terra, a Águia, que arrasava na parte aérea, e o Golfinho, que era imbatível na água. Para o Pato ficou impossível competir com eles.

Moral da história: não podemos querer abraçar o mundo. Temos que nos posicionar e fazer muito bem feito o que focamos como o centro do nosso negócio, nosso objetivo principal. O próprio cliente precisa ter esse entendimento. Ele precisa identificar a nossa proposta, senão a leitura fica confusa e ele desiste de tentar ser cliente. O negócio especializado tem que ter foco. Apenas os grandes conglomerados podem posicionar-se mais abertamente, mesmo assim elas perdem a característica de especializadas e tendem a ser vistas como vendedoras de produtos comoditizados, onde o preço é o principal diferencial ofertado. Hoje, na *realidade, as grandes empresas buscam ter a imagem de especializadas, para fugir das margens pequenas de lucro, imagem essa que pode ser facilmente conquistada pelos pequenos empresários, desde que se lembrem de que não são patos.*

Lembrar: Ninguém é lembrado por ser mediano no que faz. Temos que fazer muito bem feito nosso trabalho principal, é por isso que misturar demais pode te tirar da dança do mercado. Harmonize seu empreendimento, como se fosse seu próximo prato no famoso "quilão".

Epílogo (Liberdade, liberdade, abre as asas sobre nós!)

Para terminar só posso deixar aqui uma reflexão:

Ninguém é melhor do que ninguém por ser empreendedor ou não, o que importa é conhecermo-nos o suficiente para nos adequarmos ao mundo em que vivemos com o objetivo de sermos felizes, isso é fundamental.

E uma dica:

Se você já empreendeu várias vezes e nada deu certo, tem que se preparar mais, porque deixar de empreender vai ser difícil, pelo jeito está nas suas veias.

E um aviso:

Se você está com medo, respeite-o, desde que ele sirva para te proteger de perigos reais, não imaginários. O medo é um aliado, desde que você saiba seus motivos.

Até breve!

EDSON ZOGBI

Especialista em Cenários Futuros, Criatividade e Inovação, Perito e Vogal oficial ISO 56000 family of standards (gestão da inovação), Autor de 42 livros e 56 vídeos didáticos.

Trabalhou dez anos em projetos de inovação para o Fundo Social Europeu. Foi Professor universitário por dezoito anos e instituiu temas como Criatividade, Inovação e Retail Marketing em cursos de Pós-Graduação e Graduação na ESPM e nos MBA da USCS, Faculdade Trevisan e IBmoda. Como Executivo foi Diretor de Marketing da C&C - Casa & Construção, e do Grupo Projeção, com o lançamento de dez empresas inovadoras. Foi Consultor de grandes agências de publicidade, como Loducca (Casas Pernambucanas) e Taterka (Mc Donald's). Realizou programas de Inovação em grandes empresas como PWC, Sony e Grupo Accor, além de uma centena de outras empresas de médio e pequeno porte. Os projetos na Europa atenderam mais de 300 empresas (PIAMEi9 e +COMÉRCIO) e 4 Associações de Bombeiros do Algarve (Bombeiros do Século XXI). Também implantou um programa completo de gestão da inovação numa das 10 maiores empresas de Portugal. Teve sua própria agência de publicidade e foi publicitário em outras. No seu percurso profissional teve mais de 25 profissões, escreveu e dirigiu filmes *publicitários e curta metragens, realizou o maior flashmob de Portugal, foi cartunista e realizou eventos gastronômicos da "Mafia da Massa", como chef.*

Conheça outros livros do autor

Calculadora o risco em inovações, novos produtos ou novos negócios

Site Cenários Futuros

Site Análise de Risco com Inovações e Empreendedorismo

Site 2 inteligências

Contato: ezinnovtools@gmail.com

www.ingramcontent.com/pod-product-compliance
Lightning Source LLC
Chambersburg PA
CBHW041948240526
45473CB00036B/2601